Inhalt

Headhunter

Kernthesen

Beitrag

Fallbeispiele

Weiterführende Literatur

Impressum

Headhunter

M.Rinkenburger

Kernthesen

- Trotz der derzeitigen angespannten Marktsituation ist weiterhin Bedarf an Headhuntern vorhanden, die im Auftrag von Unternehmen geeignete Kandidaten für vakante Führungs- oder Spezialistenpositionen suchen. (1), (6)
- Die aktuelle Konjunktursituation hat zur Folge, dass sich der in den letzten Jahren stark angewachsene Markt an Headhuntern konsolidiert und die beauftragenden Unternehmen verstärkt auf Qualität und Kosten achten. (1), (2), (3)
- Aufgrund der Vielzahl an Personalberatungen ist es notwendig, dass die auftraggebenden Unternehmen entsprechende Kriterien für die Auswahl

geeigneter Headhunter festlegen. Diese Kriterien sollen nicht nur Faktoren berücksichtigen, die im Zusammenhang mit der zu besetzenden Position stehen, sondern auch solche, welche die Professionalität der Arbeitsweise der Beratung in Betracht ziehen, um so die Spreu vom Weizen trennen zu können. (2), (7), (8), (10)

Beitrag

Welche Aufgaben nehmen Headhunter wahr?

Oberste Führungskräfte und Spezialisten lassen sich aus Mangel an geeigneten Bewerbern oftmals nicht über die klassischen Recruitingkanäle, die den Unternehmen selbst zur Verfügung stehen (wie Stellenanzeigen, Initiativbewerbungen, etc.) rekrutieren. Ein weiterer Grund für die Beauftragung eines Headhunters liegt an der Anzahl der zu besetzenden Positionen. Können die Personalabteilungen bei einer größeren Menge an gesuchten Profilen die Aufgaben nicht mehr selbst wahrnehmen, dann wurden entsprechende Suchaufträge in der Vergangenheit oftmals an

Headhunter vergeben.

Headhunter sind darauf spezialisiert, gegen Entgelt die geeigneten Kandidaten bei anderen Unternehmen zu identifizieren, mit dem Ziel, diese dann für das auftraggebende Unternehmen zu gewinnen. Hierbei kann es sich um Einpersonengesellschaften bis hin zu Unternehmen mit mehreren tausend Mitarbeitern handeln. (6) Viele dieser Personalberatungen haben sich auf bestimmte Branchen (wie z. B. Financial Services, Industry oder IT) oder Funktionen (wie z. B. oberste Managementebene, Controllingspezialisten oder Portfolio-Manager) spezialisiert. (1)

Obwohl die Branche in den vergangenen Monaten zweistellige Umsatzeinbußen hinnehmen musste, besteht vor allem bei der Suche nach High Potentials und Top-Führungskräften weiterhin eine entsprechende Nachfrage nach den Dienstleistungen eines Headhunters. Reduziert haben sich derzeit allerdings Aufträge im Bereich des Mengengeschäftes, wie zum Beispiel die Suche nach 20 SAP-Spezialisten oder Consultants für ein Unternehmen. (1), (3)

Qualität der Headhunter

Konnten sich in den vergangenen Boomjahren auch Headhunter behaupten, bei denen die Qualität der Recruiter bzw. des gesamten Prozesses zu Wünschen übrig ließ, so müssen sich die Beratungen jetzt verstärkt an Kriterien wie Image der Beratung, Größe, Branchen-Know-How, Success Storys, Berufserfahrung, Netzwerke der Berater und ähnlichen Punkten messen und vergleichen lassen. (6) Dabei spielt die Branchen- und Berufserfahrung des Headhunters für das suchende Unternehmen ein ausschlaggebendes Kriterium, um insbesondere bei der Suche nach Spezialisten in einem engen Markt die geeigneten Kandidaten zu finden.

Haben die beauftragenden Unternehmen in den letzten Jahren des Arbeitskräftemangels oftmals auch Kandidaten akzeptiert, die nur ungefähr den Anforderungen der Position entsprachen, so müssen die Profile der potentiellen neuen Mitarbeiter heutzutage annähernd deckungsgleich mit den Anforderungsprofilen sein. (6) Wer die geforderten Kriterien nicht mehr erfüllen kann, hat im derzeitigen Umfeld keine Überlebenschance mehr. (11) Einige Personalberatungen haben sich auch zu den definierten Standesgrundsätzen verpflichtet, die von der Vereinigung Deutscher Executive-Search-Bearater (12) festgelegt wurden und Kunden als Orientierungshilfe dienen können.

Wichtige Prozessschritte

Der Prozess von der Auftragsvergabe bis hin zur Einstellung eines neuen Mitarbeiters, der je nach Profil über mehrere Monate laufen kann, sollte bestimmte Elemente beinhalten. Dies dient sowohl dem Unternehmen als auch dem Headhunter, um einen laufenden Überblick über den Stand der Suche zu haben und um bei Abweichungen rechtzeitig eingreifen zu können. Folgende Punkte sollten dabei berücksichtigt werden: (2), (8), (10)

- Erstellung eines detaillierten Anforderungsprofils der zu besetzenden Position in Abstimmung mit dem Kunden.
- Abklären des geeigneten Recruitingkanals.
- Regelmäßiges Feedback zum aktuellen Stand der Suche und gegebenenfalls Anpassung des Suchauftrags an veränderte Rahmenbedingungen.
- Zeitnahe Weiterleitung von vertraulichen Berichten an das auftraggebende Unternehmen nach dem Erstinterview durch den Headhunter.
- Nach der Zustimmung des auftraggebenden Unternehmens zu einem Kandidaten findet ein zweites Interview beim Kunden statt.
- Bei Bedarf Einholung von Referenzen durch den Headhunter.
- Vertragliche Regelungen und Vertragsbestandteile

werden zwischen dem Bewerber und dem Kunden geklärt, ggf. unter Einschaltung des Headhunters.
- Das beauftragende Unternehmen sollte sicherstellen, dass es für den Headhunter eine Sperrfrist gibt, während der er bei dem auftraggebenden Unternehmen keine Kandidaten für andere Kunden sucht.

Einer der wichtigsten Punkte ist, dass beide Parteien in regelmäßigem Kontakt stehen, um bei Bedarf schnell reagieren zu können. Lange Entscheidungszeiträume und schlechte Kontaktmöglichkeiten mit den verantwortlichen Gesprächspartnern führen oftmals dazu, dass potentielle Kandidaten sich gegen das Unternehmen entscheiden. (2) Deshalb müssen im Vorfeld Zuständigkeiten und Kontaktpersonen unbedingt festgelegt werden, um den Auftrag nicht unnötig in die Länge zu ziehen.

Potentielle Recruitingkanäle

Es gibt mehrere Wege für Personalberater den Suchauftrag zu erfüllen. Deshalb ist es unabdingbar, bei der Auftragsvergabe unter Berücksichtigung der zu besetzenden Position und in Abstimmung mit dem Kunden den geeignetsten Recruitingkanal festzulegen. Diese Festlegung hat meistens auch einen Einfluss auf die Gestaltung der Konditionen und wird im Vertrag festgeschrieben. (7), (8), (10)

- Anzeigengestützte Suche: Die Personalberatung schaltet unter ihrem eigenen Namen eine Stellenanzeige und bearbeitet den Bewerbungsprozess. Dem Auftraggeber werden dann nur die geeignetsten Kandidaten präsentiert. Hierbei handelt es sich um eine eher passive Suche, da die Beratung auf die eingehenden Bewerbungen angewiesen ist.
- Datenbankresearch: Viele Headhunter haben eigene Datenbanken über Kandidaten, mit denen sie im Laufe der Jahre Kontakt hatten und die sie in ihre Datenbank aufgenommen haben. Diese Datenbanken (die zwischen einige hundert bis hin zu mehrere zehntausend Kontakte enthalten können) müssen allerdings entsprechend gepflegt sein, um relativ schnell positive Ergebnisse erzielen zu können. Zum Teil suchen Headhunter auch in öffentlich zugänglichen Datenbanken, in denen Bewerber ihre Bewerbungsunterlagen hinterlegt haben.
- Direct Search: Dies ist die klassische Vorgehensweise für die Besetzung von Top Führungspositionen. Researcher versuchen zunächst die potentiellen Kandidaten in anderen Unternehmen zu identifizieren. Oftmals handelt es sich um Kandidaten, die aufgrund ihrer Position selten eigene

Aktivitäten für einen Stellenwechsel starten. Die Aufgabe der Headhunter ist es dann, die identifizierten Kandidaten vom Betätigungsfeld bei dem suchenden Unternehmen zu überzeugen und für die neue Arbeitsstelle zu gewinnen.

Zum Teil können die verschiedene Kanäle auch parallel oder nacheinander zum Einsatz kommen. (10)

Konditionen

Die Konditionen der Headhunter bewegen sich in Abhängigkeit des Profils zwischen 25 % und 35 % des Jahreszieleinkommens des zu suchenden Kandidaten. Die anfallenden Spesen werden entweder nach Aufkommen oder als Pauschale berechnet. Bei der Frage der Konditionen sollte immer auch nach dem Mindestgehalt gefragt werden, welches entweder ein Minimum für die Gehaltsberechnung oder auch die Voraussetzung für die Annahme eines Auftrags darstellen kann. (8), (12) Das Honorar wird oftmals im Rahmen einer Drittelregelung fällig. Das erste Drittel bei Auftragserteilung, das zweite Drittel bei der Präsentation von geeigneten Kandidaten und das letzte Drittel bei Vertragsunterzeichnung. Aufgrund der derzeitigen Marktsituation ist allerdings zu beobachten, dass sich Personalberatungen bei Angeboten bezüglich der Kosten unterbieten. (11)

Fallbeispiele

Bei der Suche nach einem Geschäftsführer einer mittelständischen Firmengruppe als Nachfolger für den Alleininhabers hat sich dieser an einen Executive-Recruiter gewandt. In intensiven persönlichen Gesprächen bekam der Recruiter einen Eindruck von dem Unternehmen und den Aufgaben des zukünftigen Geschäftsführers. Dadurch konnte er dem Auftraggeber den geeignetsten Recruitingkanal empfehlen. Im Rahmen der Direktsuche wurden 20 potentielle Kandidaten identifiziert, denen dann Unterlagen mit den wichtigsten Informationen zum auftraggebenden Unternehmen zugesandt worden sind. Diese Kandidaten wurden anschließend zu einem ersten Termin mit dem Headhunter eingeladen, in dem die fachlichen und persönlichen Kompetenzen hinterfragt wurden. Fünf Bewerber wurden dann dem Auftraggeber für ein persönliches Gespräch vorgeschlagen. Dieser hat schließlich drei der Kandidaten bei einem persönlichen Interview kennengelernt und sich dann für einen davon entschieden. (10)

Einige Adressen für Personalberatungen:

-http://www.ericsalmon.com (13)
-http://www.ray-berndtson.de (14)
-http://www.kornferry.com (15)
-http://www.spencerstuart.com (16)
-http://www.kienbaum.de (17)
-http://www.zehnder.com (18)

Die von der Vereinigung Deutscher Executive-Search-Berater definierten Grundsätze sind unter folgendem Link ersichtlich:

- http://www.vdesb.de (12)

Weiterführende Literatur

(1) Headhunter reagieren auf veränderte Marktlage
Personalberater, die sich auf die Finanzbranche spezialisiert haben, stehen unter hohem Erfolgsdruck. Ihre Klienten drehen an der Kostenschraube
aus FTD Financial Times Deutschland vom 19.04.2002, Seite BE2

(2) Sorgfältige Wahl der Kandidaten
personalmanagement
aus FTD Financial Times Deutschland vom 14.06.2002,

Seite WE7

(3) Konjunkturflaute beschert Headhuntern weiteres mageres Jahr Nach Umsatzeinbruch 2001 derzeit keine Besserung in Sicht · Marktführer Kienbaum reagiert mit Stellenabbau und stärkt Auslandgeschäft
aus FTD Financial Times Deutschland vom 27.05.2002, Seite 6

(4) Schlechte Geschäfte für Personalberater
aus Frankfurter Allgemeine Zeitung, 19.04.2002, Nr. 91, S. 20

(5) Arbeitsmarkt für Manager zieht wieder an Weltweit grösster Personalberater Korn/Ferry International sieht Wende - USA geben Anlass zu Optimismus
aus WirtschaftsBlatt, 15.06.2002, Nr. 1643, S. E35

(6) "Sparen an der falschen Stelle"
aus Frankfurter Allgemeine Zeitung, 17.04.2002, Nr. 89, S. 24

(7) Personalsuche / Headhunter gehen auf der Cebit inkognito auf Jagd, Computer Zeitung, Heft 11, 2002, S. 37
aus Frankfurter Allgemeine Zeitung, 17.04.2002, Nr. 89, S. 24

(8) Sternensuche am Managerhimmel
aus Der Handel Nr.04 vom 03.04.2002 Seite 020

(9) Schwere Zeiten für die Old Boys Networks

Geschäfte mit der Vermittlung von Topmanagern unterliegen starken Schwankungen. Das zeigen die jüngsten Zahlen der deutschen Branchengrößen
aus FTD Financial Times Deutschland vom 24.05.2002, Seite WE6

(10) Die Macht der Chemie, Süddeutsche Zeitung, SZ, 11.05.2002, Ausgabe Deutschland, S. V1/30
aus FTD Financial Times Deutschland vom 24.05.2002, Seite WE6

(11) Personalberater in der Krise - und ohne Konzept
Auf Umsatzeinbruch im Jahr 2001 folgt nun ein Preiskampf
aus FTD Financial Times Deutschland vom 31.05.2002, Seite 37

(12) http://www.vdesb.de
aus FTD Financial Times Deutschland vom 31.05.2002, Seite 37

(13) http://www.ericsalmon.com
aus FTD Financial Times Deutschland vom 31.05.2002, Seite 37

(14) http://www.ray-berndtson.de
aus FTD Financial Times Deutschland vom 31.05.2002, Seite 37

(15) http://www.kornferry.com
aus FTD Financial Times Deutschland vom 31.05.2002, Seite 37

(16) http://www.spencerstuart.com
aus FTD Financial Times Deutschland vom 31.05.2002, Seite 37

(17) http://www.kienbaum.de
aus FTD Financial Times Deutschland vom 31.05.2002, Seite 37

(18) http://www.zehnder.com
aus FTD Financial Times Deutschland vom 31.05.2002, Seite 37

Impressum

Headhunter

Bibliografische Information der deutschen Nationalbibliothek

Die Deutsche Nationalbibliothek verzeichnet diese Publikation in der deutschen Nationalbibliografie; detaillierte bibliografische Daten sind im Internet über http://dnb.d-nb.de abrufbar.

ISBN: 978-3-7379-1000-2

© 2015 GBI-Genios Deutsche Wirtschaftsdatenbank GmbH, Freischützstraße 96, 81927 München, www.genios.de

Alle Rechte vorbehalten. Dieses Werk ist einschließlich aller seiner Teile – z.B. Texte, Tabellen und Grafiken - urheberrechtlich geschützt. Jede Verwertung außerhalb der Grenzen des Urheberrechtsgesetzes bedarf der vorherigen Zustimmung des Verlags. Dies gilt insbesondere auch für auszugsweise Nachdrucke, fotomechanische Vervielfältigungen (Fotokopie/Mikroskopie), Übersetzungen, Auswertungen durch Datenbanken oder ähnliche Einrichtungen und die Einspeicherung und Verarbeitung in elektronischen Systemen.